AF248459

TROISIÈME BOUTADE.

LA VEILLE DU 26 OCTOBRE,

RÉPONSE AU SIEUR ULBACH,

Avec un Supplément.

PRINCE PIERRE-NAPOLÉON BONAPARTE.

Cet animal est bien méchant ;
Quand on l'attaque, il se défend.

TROISIÈME BOUTADE.

LA VEILLE DU 26 OCTOBRE,

RÉPONSE AU SIEUR ULBACH,

Avec un Supplément.

SCEAUX

TYPOGRAPHIE DE E. DÉPÉE

1869

TROISIÈME BOUTADE.

LA VEILLE DU 26 OCTOBRE,

RÉPONSE AU SIEUR ULBACH,

Avec un Supplément.

Salus populi suprema lex.

———~~~~———

AU SIEUR ULBACH,

rédacteur de l'*Indépendance belge*,

11, boulevard de Courcelles.

Paris, 23 octobre 1869.

Je vous ai offert du bois vert. Par trois fois, je vous ai demandé de vous battre. Vous êtes comme une honnête femme qui refuse toujours. Je pourrais réaliser ma première offre, mais vous diriez, comme pour Murat, que les princes rossent le pauvre monde. Je préfère essayer de vos armes, bien que j'en eusse mieux aimé d'autres. L'épidémie qui sévit sur la Bohême littéraire, est-elle contagieuse ? En tout cas, c'est la faute de la licence qu'on nous laisse, et nous en profitons.

Je prends au hasard le premier numéro venu de votre pamphlet, car les lire tous serait une corvée au-dessus de mes forces. J'y trouve, d'abord, la lettre d'un fils de Louis-Philippe, qui vous fait force complimens; ce qui m'autorise à lui demander s'il vous a envoyé un bout de la corde de madame de Feuchères.

Plus loin, vous parlez de l'épervier, dans lequel M. Rouher prendra les émeutiers. Nous estimons qu'il n'y trouvera que des grenouilles, sinon des crapauds.

Vous rentrez d'avance, dites-vous, le petit drapeau (pourquoi pas le quartier de charogne ?) du
26 octobre ; et vous le rentrez, parce qu'il est inutile de l'ensanglanter. Bonne excuse pour les
lâches.

Une émeute, ajoutez-vous, nuirait, cependant,
au gouvernement. Apparemment, comme en 1852.

L'auteur d'une insurrection, suivant vous, est
celui qui la rend nécessaire. Dites que ceux qui
rendent la répression nécessaire, en sont la
cause.

Vous rappelez qu'en 1848, il suffit de quelques
bourrades, pour frayer le chemin des Tuileries.
C'est que Louis-Philippe était l'élu de deux cent
vingt et un monopoleurs ; et puis, on avait oublié
de charger les canons à mitraille, comme au
Treize Vendémiaire.

Si l'opposition retire le défi du 26 octobre, ce n'est pas par peur !... En vérité ?... Au fait, vous êtes si braves !... Et puis, la guerre civile est inutile... Néanmoins, vous l'avez commencée.

1848 a effacé la trace des échafauds. Tant mieux !... Pourtant, ils avaient leur utilité, ne fût-ce que pour raccourcir les traîtres de votre acabit.

La révolution que vous rêvez, effacera la trace des barricades. C'est vous qui l'affirmez, mais je serais curieux de savoir comment vous vous y prendrez, pour vous insurger à coups de pamphlet, quand on sera par trop infecté de vos déjections, et qu'il nous plaira de vous y asphyxier.

Votre sagesse me rappelle celle du citoyen Arlequin de Bergame : « Chi ha prudenza l'adopri. » C'est le prétexte de tous les j... f...

Le pouvoir est anémique ? Pour assurer votre diagnostic, frottez-vous-y. Ça vous réchauffera, car il vous en cuira.

Ce pouvoir, vous désirez qu'on dise qu'on ne l'a pas renversé, mais qu'on l'a vu tomber? Bonne définition pour la famille de votre correspondant. L'ornière où elle a versé, n'est pas pour l'Empire. Il faudrait qu'elle fût un abîme, et votre sang le comblerait. Ce ne sont pas des aigles, mais des corneilles, qui s'en désaltéreraient.

Un esprit fort, qui n'était qu'un corps vicié, est allé dans le royaume des taupes, chercher la confirmation de ses théories. Belle affaire ! Il me semble que Napoléon a fait d'autres conquêtes, même littéraires. Si je ne me trompe, quand on a gagné Lamartine, on peut perdre... Beuve, comme on dit à la Cour... des Miracles.

Un moment... Qu'est-ce que vous nous chantez, avec vos insurgés que la police aurait laissés échapper ? Parlez-vous du rédacteur *illettré* du Rappel, faisant le mort ?

Vous vous plaignez que les coups soient une nécessité de l'ordre actuel ; — mais c'est vous qui le mettez dans cette nécessité.

Personne moins que moi ne plaint les curieux. J'ai vu des émeutes, et même des insurrections. J'y ai fait mon devoir, de mon mieux, quand il a fallu ; mais je n'excuse point la coupable témérité de ceux qui s'en mêlent, sans rien avoir à y faire. S'il leur arrive malheur, je suis tenté de dire, avec les loustics de la rue : *Fallait* pas qu'ils y *aillent*.

Les vrais coupables, d'ailleurs, sont les excitateurs à gages, quelle que soit l'effigie des jaunets qu'ils empochent.

On peut mourir de ses bonnes mœurs, et, si on en a eu pour son argent, ça ne regarde personne ; — mais, à propos de vos nauséabondes turpitudes sur la vessie de.... Beuve, il faudrait vous crever la vôtre.

Monsieur le général Comte de Palikao, qui a mené nos soldats où ils n'étaient encore jamais allés (et c'est beaucoup dire !), semble en butte à vos attaques. A Aubin, vous écriez-vous, il n'y avait pas de Palais d'été. Il y avait des malheureux, ameutés par vos prédications ; et si nos soldats s'étaient laissé désarmer, ils auraient mérité des fusils de ferblanc. C'est dommage, seulement, qu'au lieu de blaguer *lucrativement*, vous ne fussiez pas là. Vous eussiez participé de la *tatouille* qui vous attend en-

core, si l'envie vous en prenait: A défaut du vain-
queur de la Chine, tous ceux qui ont embroché
Bédouins et Cosaques, sauraient bien vous prendre
pour des alouettes.

Criez tant que vous voulez contre le parti-prêtre,
mais convenez que vous lui faites la partie belle.

Un vrai et bon patriote italien que vous citez,
dit que, dans toute assemblée d'évêques, l'amour
de la dispute et l'ambition règnent exclusivement.
J'ajoute : comme dans les antres des truands en-
gueulant leurs propres représentans ; — et, si la
déroute de l'Eglise catholique devait s'achever,
celle des faux républicains, à qui on crache au vi-
sage impunément, n'est pas loin non plus.

Ce digne Italien croit que la papauté aura son
Solferino comme l'Autriche. Nous nous bornons à

constater, hélas ! qu'en fait de Solferino, le pouvoir temporel n'a eu jusqu'ici que Mentana. D'ailleurs, l'enfer est pavé de bonnes intentions.

Que dans les conciles, le désir de vaincre l'ennemi l'emporte sur celui de relever la foi, c'est vrai; mais cela ne prouve rien, en fait de tactique gouvernementale. Les évêques, fussent-ils des escrocs, M. de Falloux, toujours d'après vous, paraissait le craindre, cela ôterait-il quelque chose à l'action que le pays leur délègue ?

Vous attribuez au *Journal de l'Empire* ce qui appartient au *Pays*. Peut-être, n'aimez-vous pas nommer le bouillant Paul de Cassagnac. Vos tempéramens diffèrent tant ! — Je glisse sur une question délicate, mais quand les étais fléchissent et n'offrent pas une raideur statique suffisante; on peut, sans félonie, critiquer l'architecture.

Vous parlez de feu M. Vieillard. Pour moi, je n'ai jamais été son admirateur. La logique me plait avant tout ; et quand on accepte de faire partie d'un Sénat, dont l'immense majorité est catholique fervente, on ne doit pas mourir dans l'impénitence finale. A la place de l'Empereur, j'aurais fait enterrer convenablement mon Vieillard, mais sans les insignes et les honneurs dévolus au Sénat.

Quant aux larmes de M. Rouher, si elles doivent couler, ce sera sur certaines nominations qui, comme celle de... Beuve et de l'objurgateur du Prince Napoléon, ne pouvaient ajouter aucune force aux institutions impériales.

Vous n'êtes qu'un impertinent, quand vous rabâchez les bruits, à faire rire les poules, d'abdication de l'Élu du Peuple. Son premier devoir et sa volonté immuable sont de rester sur la brèche où la France et le monde ont les yeux sur lui. Et soyez certain qu'il n'abdiquera pas l'habitude salutaire de vous distribuer, au besoin, des corrections pàternelles. Pour vous autres, le meilleur juge de paix, c'est une trique.

Vous, révolutionnaire manqué, ou plutòt masqué (car vous n'êtes qu'un valet orléaniste), vous osez baver sur la plus grande figure de notre histoire, et contester son nom immortel ! Allez ! tous les Zoïles chàtrés ne le terniront pas. On peut penser qu'il eut tort d'élever les rois jusqu'à lui. On a dit même : Pourquoi s'est-il encanaillé avec ces rois ! mais les Sieyès, les Lucien Bonaparte, les Ducos, les Boulay, les Reignier, les Chazal, les Cabanis, citoyens trempés à l'antique, ne sont plus qu'un mythe, à notre époque de défaillance ; et personne, surtout les faibles républicains d'aujourd'hui, ne serait fondé à imiter leur langage.

M. Lanfrey, cet escargot rampant sur la Colonne de la Grande Armée, pour la rayer de son écume, est bien digne de vous tendre la main. Seulement, quand vous le dites *sérieux*, c'est vraiment pousser trop loin l'esprit de camaraderie. D'ailleurs, est-il de bon goût de décerner à d'autres les qualités que l'on est si loin de posséder?

Rappelez ce mot : Bonaparte… tous ses ennemis lui meurent dans la main ; — mais prenez garde qu'il ne vous en arrive autant. Songez que ce sera au grand jour, reptiles de cimetière que vous êtes ! et n'oubliez pas d'inviter vos patrons.

L'écrivain, aussi peu énergique que perspicace, qu'il vous plaît d'entreprendre, déplorerait que le succès se confondît avec le droit et le devoir ; et il ne voit pas, ce myope, que le droit et le devoir amènent le succès.

Le 2 décembre, criez-vous, a souffleté... Tiens ! tiens ! ça vous déplaît donc tant ? Aimeriez-vous mieux une passe d'armes ou un coup de pistolet ?

Savez-vous ce que le 2 décembre a souffleté ? C'est la majorité royaliste de l'Assemblée ; ce sont les extravagans qui ont perdu la République ; — et il a imposé la volonté de la France à des vaniteux, à quelques garçons de charrue déclassés, n'ayant d'autre but que d'assouvir leurs convoitises obscènes, suivant l'expression de notre chansonnier populaire.

Le naïf M. Dauban qui se croit, sans doute, avec cette suffisance nationale qui nous distingue, un historien philosophe, s'agite, pour nous persuader que toute institution, soumise, tout à coup, à l'adoption du Peuple, ralliera les suffrages. Je suis un écolier indocile, et j'administrerais volontiers

2

un *pensum* au professeur, en l'entendant ampouler de telles niaiseries. Mettez aux voix M. de Chambord, l'héritier de Chantilly, ou les engueulés des truands, et vous m'en direz des nouvelles.

Du reste, il ne vous sied pas d'attribuer aux autres des défaillances ; et quand vous osez accuser la France d'avoir eu *peur* (page 30, ligne 4, de votre pamphlet du 23 courant), il n'y a plus qu'à lever la jambe et vous mouiller la guêtre, comme fit à une mazette le chien de chasse dont parle Blaze.

Venons aux prétendus crimes de ceux qui ont sauvé la patrie de la réaction bourbonnienne — et de la honte de subir plus longtemps la pression anarchique d'une coalition monstrueuse — et avilissante, autant qu'inhabile. Ici, je n'hésite pas à proclamer que la gangrène exige l'amputation.

Si quelque chose étonne, c'est qu'un tel sphacèle
ait pu être éliminé par une si légère excision. Je
me pousse du col, et je me dis : C'est un miracle
du nom de mon oncle.

Loin de s'identifier au parlementarisme, la Nation, elle l'a assez prouvé, n'en veut plus d'ici à
longtemps. Elle l'a vu à l'œuvre ; elle a pu juger de
son hypocrisie et de son impuissance. Elle a d'autres chats à fouetter que de se laisser assourdir par
vos grognemens de pourceaux. Une frontière à re-
vendiquer, le respect de tout ce qui est respectable
à rétablir, un ordre, qui ne peut être éphémère, à
consolider, lui ont fait sanctionner, qui ne le voit ?
une dictature que vous prolongez par vos excès.
La crainte de nous affaiblir par nos divisions ne
vous arrête pas, mauvais patriotes ; et, grâce à
vous, la République elle-même ne serait plus pos-
sible, sans le triomphe d'une fraction sincère, au-

dacieuse surtout, et qui s'imposerait, entendez-vous bien, en temps opportun.

M. Dauban, comme le prince Napoléon, veut la liberté par l'Empire. *In terra pax hominibus bonæ voluntatis.* Pour moi, je demeure incrédule; et je l'ai dit ailleurs. L'aurore du beau jour que vous souhaitez, tendre ami, ne viendra qu'après expiation de tous vos désordres. Maintenant, elle serait l'échéance fatale que de ridicules brouillons invoquent, avec moins de logique que vous, car enfin, vous avez d'autres...bailleurs. Beau ou laid, ce jour n'est pas l'affaire de l'Empire, ni de sa phase actuelle. Quand nous aurons rectifié notre frontière, le pays et son élu aviseront. Jusque-là, il suffit de restaurer la tranquillité publique, par trop ébranlée, et de maintenir, vis-à-vis de l'étranger, l'immense prestige de notre drapeau.

La première condition était bien remplie par *l'attentat que le pays pusillanime ne peut admettre*. Je cite votre factum (page 33, ligne 13) ; mais c'est à ne pas croire à tant d'outrecuidance, de la part d'un poltron. Ma plume, puisque je n'ai pas le choix avec vous, répond que le désordre seul a subi l'*attentat ;* et que le pays l'a absous, d'autant plus qu'il l'avait appelé de tous ses vœux. Vous émettez la proposition qu'il y a quelque chose au-dessus de la volonté nationale. Je fais justice de cette hérésie orléaniste, intéressée ; et tant que la France sera avec les miens, je ne crains rien pour eux, si ce n'est un excès de modération, qui dégénérerait en faiblesse.

Si vous étiez plus chatouilleux, vous reconnaîtriez que vous n'avez pas à vous féliciter d'avoir parlé, comme vous le faites, de l'histoire parlementaire des Bonaparte. Je vous ai déjà opposé des argumens non parlementaires. Ils glissent sur votre peau ; mais, à la fin, ils pourraient bien l'entamer.

Vous empruntez je ne sais quelle citation au comte Réal, qui ne paraît pas s'être souvenu, si la citation est exacte, qu'avant tout, il fallait chasser l'envahisseur de la France;— et que les complots des députés et de la presse hostile, quand le bélier de la sainte-Alliance entamait nos murs, n'étaient qu'une trahison, qu'on aurait dû déférer à un Comité de Salut Public.

Nous sommes aux antipodes ; et, malgré votre livrée écarlate, j'aimerais mieux vous donner les étrivières qu'un coup mortel. Que voulez-vous ? je m'adoucis, quand je vous entends dire que des victoires vaudraient mieux que des libertés inopportunes. Pour cette fois, vous avez raison, cher monsieur Ulbach ; — mais avec la réserve que l'humiliation et l'abdication du gouvernement (je répète ici vos termes) résulteraient de l'impunité des outrages que vous débitez.

Je passe condamnation pour M. Dauban. Je le trouve de courte haleine. Peut-être, en sa qualité de professeur, a-t-il résolu le problème de sauver la chèvre et les choux. Frottez-vous dos à dos. Vous n'avez rien de commun avec Aliboron.

Vous appelez M. Rouher le plus ambitieux des Auvergnats. Je réponds : Ils cognent !

Vous comparez la minorité des députés assermentés à une épée qu'on aiguise. Votre compétence me paraît douteuse à cet égard, et vous ignorez qu'une lame trop aiguisée s'use. Et puis, à quoi

bon lui donner le fil, pour la laisser dans le four-
reau ?

Vous n'aurez pas de ministère Rouher avec Ol-
livier. J'aime les fils de mes amis, surtout quand
ce sont de bons citoyens, dignes par leur savoir,
leur urbanité et leur éloquence, de siéger comme
représentans de la Grande Nation ; mais ce n'est
pas d'olivier qu'il s'agit. Il nous faut du laurier
(pas le vôtre), et du constable.

Quand vous demandez l'intérêt qu'a M. Schnei-
der à changer de linge, vous risquez qu'on vous
réponde qu'il a été si longtemps assis auprès de
certains pouilleux.

Votre courage et celui d'autres champions
ejusdem farinæ font de vous de vrais ven-
tilateurs. Les Ardennais disent *vesseux, alias*
putois ; aux États-Unis : *shunk.* Les moulins

de don Quichotte, ce sont vos menaces de démonstrations, et vos insolences à l'adresse de ceux-là mêmes que vous avez nommés. Je ne suis pas appelé à défendre des honorables qui sont mes ennemis... Honorables, du moins, par le mandat qu'ils exercent, — jusqu'à ce que la démence des délégués de Clichy donne raison aux méticuleux qui voudraient, dit-on, supprimer le vote subversif de Paris, et faire de notre capitale un centre neutre, comme Washington. — Je ne suis pas capitaine des gardes de messieurs Simon, Ferry, Bancel et Pelletan; mais je n'en suis pas moins indigné des vilenies qu'ils ont affrontées. Si elles devaient se reproduire, et que monsieur le Préfet de police, en bon compatriote, voulût bien déférer à mon conseil, il s'empresserait de faire respecter les députés, et de transvaser dans l'aquarium de son dépôt tous les poissons de mauvais lieux.

Vous feignez de vous plaindre des dépenses ex-cessives que comporte la situation. Ce n'est pas au gouvernement qu'en est la faute, mais à la buée malsaine que vous et vos pareils vous répandez sur toute chose, et qu'on ne peut dissiper qu'à grands frais. Ce qui aspire nos ressources, c'est la machine pneumatique des rapacités de toute es-pèce, qu'on ne peut satisfaire, quoi qu'on fasse, et qui, non assouvies, deviendraient hostiles à tout gouvernement, quel qu'il fût.

Vous calculez la pâte de guimauve que fera ven-dre le ventilateur de la Chambre, sans compter les clystères pour vous ; — et vous soupçonnez M. Rouher de vouloir distribuer des calottes. En faudrait-il, des calottes, si on en donnait à tous les Gastier qui en méritent !

J'espère que si des bonnets de soie sont com-

mandés, comme vous me l'apprenez, par la ques-
ture, il n'y aura pas de bonnets d'âne, — à moins que
pour messieurs les ministres, s'ils vous laissent dire
et faire tout ce que vous voudrez, et tout ce qui
sera agréable à votre commandite.

Ne craignez pas les fluxions de poitrine, et tenez
prêts.. non des médecins, mais des chirurgiens. Du
train dont vous y allez, on ne sait pas ce qui peut
arriver.

Si les Cent-seize faisaient des petits (on me dit
que, parmi eux, il y en a qui les font faire), je ne
vous conseille pas de vous plaindre de la couronne
imaginée par l'architecte du Palais-Bourbon ; car
je connais quelqu'un qui serait d'avis de la rempla-
cer par la cravache de Murat et la clé de la Chambre introuvable, en sautoir.

Ce ventilateur vous porte ombrage. Vous le comparez, c'est drôle ! à une oubliette. Fi ! est-ce de notre temps ? Pour chasser certains miasmes, il n'y a qu'à souffler dessus.

Il y aura, craignez-vous, une salle des morts. Ceux qui suivent vos erremens sont depuis longtemps à l'état de cadavres puans.

Ne parlez pas tant de la salle des Conférences ? Les mânes de Dupin et du commandant Saucerotte pourraient vous dire comment on y entre et comment on en sort.

M. Rouher, en galant homme et en homme habile qu'il est, ne précipitera rien, et ne précipitera pas de victimes. D'ailleurs, s'il y avait des traîtres à leur serment et à la souveraineté nationale, il suffirait de les pousser dans la rue, à coups de pied

dans le c... Les *Turcos* les recevront sur la four-
chette.

La salle est effrayante, prétendez-vous? Je ne
sais pas... mais elle est grotesque, quand vos amis
et leurs comparses y sont.

Il est certain que, pour en finir avec vous et avec
le trouble que vous répandez en France, il vaudrait
mieux se bûcher ; mais vous êtes des bûches qui ne
savent qu'attendre qu'on les brûle... au chassepot,
cuisine parfaitement *ad hoc,* car elle est à aiguilles,
ce qui convient aux *femmelettes* de votre faction
débile.

Les commis de magasins de nouveautés sont en
grève ! Quel malheur !... pour eux, pauvres dia-
bles ! Cependant, ces calicots mériteraient d'être...
aunés.

Dénoncez une souricière! Ça vous va bien. Qui est-ce qui l'a dressée, si ce n'est vous?

Pour la faillite, c'est encore vous qui la faites, et vous faites faux bond à votre programme, hélas! *J'aurais-t-y ri!* comme dit le piou-piou alsacien, dans « la Consigne est de ronfler. » J'espère qu'aucun Bonaparte ne se serait endormi, et, si quelque chose avait ronflé, c'eût été le *brutal* de Vendémiaire.

Après tout ça, vous me menez sur un terrain un peu graveleux, et je ne suis pas Rabelais; mais, si vous voulez causer du sérail, je vous dirai qu'on n'y pénètre pas, mais qu'on y est pénétré. *Pénis,* comme qui dirait *cazzaccio,* en italien; ou *minchiò,* en corse; ou *carajo,* en espagnol ; *pénis,* dis-je, étudiez l'étymologie.

M. de Persigny, annoncez-vous, visite le Rhône jusqu'à *son embouchure. Qu'est-ce à ço?* Je le croyais noyé depuis longtemps. Vous êtes mal renseigné, et ça nous est égal, car nous ne nous occupons pas plus de cette nouvelle intéressante que des orléanistes déguisés en républicains, ou des incitateurs qui perdent nos *bons* ouvriers. Du reste, si M. de Persigny ne court pas les dangers de Livingstone, ce ne sera pas faute de rencontrer des sauvages et des magots.

Si vous n'étiez que des embryons d'hommes, ne respirant que la paix quand même, et ne vous préoccupant que de vos côtelettes, vous n'auriez pas repoussé le droit au travail; — et l'ouvrier qui veut travailler, aurait non-seulement, comme il l'a par le fait, le moyen de se suffire et d'entretenir sa famille, mais ce droit *sacré* serait écrit dans la loi. Ce n'est pas l'auteur de l'*Ex-*

linction du Paupérisme qui s'y fût opposé.

Les gens de votre bord ne sont que des vendus, haineux et peureux ; mais ceux qui valent mieux que vous et qui ne rougissent pas de vous donner la main, ne sont, en République, que des schismatiques. C'est la faute de ces meneurs irrésolus, égoïstes, et pusillanimes les jours d'action, si les ouvriers sont en arrière ; — et quant aux patrons, s'ils ne valent pas mieux que ces dupes de l'agiotage soi-disant démocratique, ils valent autant ; — et laissez-les tranquilles, si vous ne voulez pas que la garde nationale elle-même, comme sous Louis-Philippe, au 15 mai, et aux journées de juin, fasse des jambons de ses crosses de fusils, sur vos échines.

Vous conseillez de moraliser l'homme *qui mul-*

tiplie trop. Halte-là ! Ce n'est pas moral. Béranger a dit :

> Nous laisserions finir le monde,
> Si nos femmes le voulaient bien ;

mais je vous croyais un homme… que dis-je, un pamphlétaire, sans autre vice que l'horreur de l'acier et du plomb. Ne vous préoccupez pas tant de la fécondité de nos mandataires. Pour multiplier, il faut avoir quelque turgescence des corps caverneux ; et les obstacles… on peut les surmonter… pourvu qu'on remue.

Vous déclarez la perfection indispensable aux pauvres !… Bah ! je connais bien des gaillards qui se contentent de la beauté du diable.

C'est un grand mérite que d'avoir la patience, et il ne faudrait pas un grand effort pour vous écraser

comme des punaises. Nous proposons de collection-
ner ces odorans insectes , en nombre égal aux
grands citoyens du moment. La démonstration
faite, les héros coffrés, on leur descendra la culotte
sur les talons, on leur mettra un hémiptère en
garnison, où le dos perd son nom, et on les ren-
verra, ainsi multipliés, à leurs cogitations. Cela
vaudra mieux qu'un coup d'État.

Venons à votre portefeuille. Vous n'aimez pas
le vider. Je conçois; Cambronne y aurait trop à
réclamer. Envoyez-le à Gros-René du Dépit
amoureux.

Pour le fils de Louis-Philippe, dites-vous, vous
abandonnez toute réserve. Ah! seigneur Ulbach,
ceci vous élève à la dignité de porte-coton.

Vous parlez d'un grand poëte (pauvre homme

politique, ou plutôt, prétendu homme politique,.
J'en suis fâché, car votre contact n'est pas propre;
— et je ne puis pas absolument scinder le génie
littéraire, et l'ennemi, désormais irréconciliable, on
ne sait pourquoi, ou plutôt on ne le sait que trop,
de tout ce qu'il avait glorifié. Quand on prend une
attitude qu'on voudrait rendre imposante, on ne
décline pas les honneurs du commandement, et
on ne passe pas l'éponge sur les crimes des nou-
veaux amis que le souvenir de la place des Vosges
aurait toujours dû tenir à distance. Pour à présent,
je n'ai pas le courage de mieux préciser des faits qui
me sont connus.

Victor Hugo avait *redoré l'autel,* comme il di-
sait, mais il a... *fait* dessus. Il vous écrit *cordial* confrère, et ce grand maître de notre langue
décrète, sans doute, ainsi, que cordial n'est pas un
dérivé de cœur. Il indique vos dissidences et votre

amitié (haine, sans doute, a-t-il voulu dire) qui les domine ! — Il a besoin... ajoute-t-il... Est-ce au moment de dédorer ? — Il est fidèle à la théorie du remercîment... pourvu qu'il n'en coûte rien, comme aux noces de madame Gibou. — A-t-il pris, au moins, un abonnement à la *Cloche ?* J'ai fait mieux que ça, moi, car j'ai acheté le tas... seulement, je vous laisse la cloche et je retiens le battant.

Quand notre grand... chantre affirme qu'il fera tout ce qu'il faudra, moi, son admirateur, en ma qualité d'infime rimailleur, je ne puis m'empêcher de lui répondre :

Peritus in arte non debet mori.

Quant à M. Pyat, je l'ai rudement apostrophé, en pleine Assemblée, et je me porte encore assez bien.

Lorsqu'il voudra tuer tous les Bonaparte, comme il l'a dit, je le prie de commencer par moi; et je lui promets une prise de tabac avec mes pistolets.

Revenons au poëte : l'exil volontaire est de tous les exils... le plus amusant; celui où l'on se sent le plus esclave... de ses convenances personnelles; parce qu'il ne se compose que de devoirs... sans dangers. C'est joli! mais le devoir, au point de vue de la révolution que vous voulez, sans savoir si elle ne commencerait pas par croquer l'ancien pair de France; le devoir serait de combattre, et non de faire la moue, à Guernesey. Enfin, la conscience pourrait ne vous mettre en branle qu'alors que vous ne risqueriez plus rien; par exemple, quand le sonneur de Notre-Dame, Ulbach, et sa cloche, vous en donneraient le signal. Je ne dis pas le tocsin.

Faire ce qu'il faudra ! mais c'est un terrible en-
gagement, si M. Victor Hugo le tient. Il ne fait
plus guère de chefs-d'œuvre, car il s'occupe trop
de fadaises ; mais, sur l'honneur, je serais désolé
qu'il nous cherchât noise pour de bon, car dans la
rue, comme je l'ai dit, dans le temps, de Ledru-
Rollin, il ne vaudrait pas le moindre pousse-caillou.
Faire ce qu'il faudra!... Nom de nom !... Mais
c'est du Curtius... et si la Muse m'aimait autant
que lui, fût-elle une *virago*, je l'aimerais mieux
que la *vorago*.

A une autre maintenant... le sieur Ulbach pré-
tend que le parquet ferait une enquête sur la position des journalistes, et qu'il prétendrait même
surprendre *leurs petits secrets*. Shocking! si j'étais
parquet, ça m'amuserait beaucoup... mais de quel
droit viendrait-on?... à moins qu'il ne s'agisse tout

à fait de la Bohême littéraire, qui n'a rien à voir, comme on sait, dans les grands journaux, opposans, officieux, et autres. Nous sommes ici en mesure de donner le résultat de l'enquête judiciaire sur la Bohême; le voici :

Position littéraire . . médiocre.
Politique. . . . . . . couleur caméléon.
Financière. . . . . . tient le diable par
la queue.

Tous les journalistes, ajoute notre sonneur, se sont refusés. Je le crois bien. Dévoiler les infirmités des autres, passe encore; mais mettre à nu les nôtres, pour qui nous prendrait-on? Et puis, on veut savoir (coquin de parquet) combien d'abonnés... Cela pourrait nuire au crédit personnel de messieurs les publicistes chez leurs fournisseurs. Puis encore, on aurait une liste des suspects, car les abonnés du Rappel, ou de M. Delescluze, sont, tout au moins, des badauds dangereux, aspirant au martyre par le chassepot. Il est vrai que moi-même je lis ces... je ne sais comment dire... pandémonium, si on veut, mais, dans ce temps de licence... et puis, on a besoin de papier. Quoi qu'il en soit, la statistique du scandale, si on en croit la *Cloche*, aboutirait à la proscription ou à la corruption. Il nous semble pourtant que les bouchers ne vendent pas des aloyaux aux insolvables.

Maintenant, ce lys caméronien qu'on nomme Ulbach, va nous demander pardon des hardiesses de son langage. Ça ne vous gêne pas tous les jours... mais abordons... vivement. Il s'agit de certains petits carrés de papier qui... que... dans les cabinets inodores... D'abord, on vous les offre pour mouchoirs, gros voisin des rosières et des petits gâteaux à la fleur d'oranger. N'avons-nous pas, dans notre histoire, le caca Dauphin? Ensuite, le papier de ces carrés est souple et résistant, c'est vous qui parlez. Emblème du pouvoir que vous diffamez.

Pour le reste, ça nous entraînerait au cloaque. Il y aurait *matière* à réponse. Contentons-nous de vous inviter au baise-main, quand le désastre... haïe! haïe!... Cambronne sera de garde, et il se tirera d'affaire mieux que nous. En votre qualité de porte-coton, vous répondez que le papier atteindra pur... Pas le vôtre, car, avant d'arriver aux Pays-Bas, il est plus souillé par vos infamies que par honneur que nous réservons à la dernière page portant votre signature.

Il y a aussi de l'avortement, dans vos contorsions, historiographe du fils de Louis-Philippe; — comme dans tous les attentats des ennemis des institutions. Je remarque, en passant, que, quand on avorte, on saigne... mais pas du nez.

Citant un confrère de votre clique, ô sonneur de Nanterre, vous prétendez qu'un grand personnage que nous vénérons, est... une femme. Prenez garde ! on le dit bien armé.—Son imagination le porterait au plaisir. Sans daigner relever la contradiction, nous pensons qu'il serait temps qu'il nous fît le plaisir de vous rosser. — Vous allez (et vraiment que fait la police et le parquet incriminé ?), vous allez jusqu'à vouloir le chatouiller, et même l'écorcher ! Avant d'arriver à lui, vos côtes à vous seront si bien chatouillées, et votre carcasse si bien écorchée, qu'on pourra faire cent aunes de rubans de votre peau. — Il est preste et tardif, dites-vous. Cela prouve qu'il connaît l'adage : *Festina lente.* — D'autres que vous ont voulu le noyer, demandez à Twickenam ; mais il a surnagé ; et le suffrage universel l'a élevé, sur le pavois, à la place qu'ils avaient usurpée. Il vous tient, Trestaillons, valets à la livrée abricot, ribauds, vermine parasite, que la France exècre et qu'elle aplatira; il vous tient, et vous ne lui échapperez pas. Il vivra, ne fût-ce que pour accomplir l'œuvre populaire de vous tuer, sans résurrection pour votre troupeau de bêtes noires. — La place vous paraît bonne? Elle est, pour sûr, glorieuse, car son rôle est de vous museler. Elle est sous la sauvegarde de tout ce qu'il y a d'honnête et de patriotique en France; et vous ne vous y assiérez pas, chimpanzés, ni vos princes d'alcôve, rougie du sang des leurs.

Le voilà! vous écriez-vous avec la rage de l'eunuque contraint d'assister à un acte viril. Oui, le voilà! depuis le soleil du Dix Décembre 1848. Ça fait vingt et un ans, juste le temps, le temps qu'il eût fallu à la République, pour atteindre sa majorité, si vous ne l'aviez mal assise, sur la négation de la volonté nationale, et de toutes les vertus civiques.

Vous avez un arriéré? D'accord ! Nous le paierons, et vous ne perdrez rien pour avoir attendu. En attendant, voici la monnaie de votre pièce.

Si vous n'êtes pas encore châtiés de vos méfaits, c'est qu'à votre endroit, le Délégué de la France n'éprouve que dégoût et pitié, et qu'il serait trop facile de tirer des lièvres flâtrés.

Il a, cependant, une obligation que nous tous, ses électeurs, nous ne laisserons pas protester : celle de vous rabattre le caquet.

DU PRINCE PIERRE-NAPOLÉON BONAPARTE

Première boutade : RÉPONSE D'UN ANCIEN TROUPIER à la lettre de M. le duc d'Aumale, adressée au Prince Napoléon. Paris. Dubuisson. 1861.

Deuxième boutade : LE DISCOURS DU PRINCE NAPOLÉON. Sceaux. Dépée. 1869.

Troisième boutade : LA VEILLE DU 26 OCTOBRE, réponse au sieur Ulbach, avec un Supplément. Sceaux. Dépée. 1869.

SOUS PRESSE

Quatrième boutade : L'ORIGINE DES CHATIMENS DE VICTOR HUGO. *(En vers alexandrins)*.

Cinquième boutade : STUPIDUS IN OMNIA. *(En vers alexandrins)*.

Sixième boutade : VIGUEUR ET DÉFAILLANCE ou le Dix-huit Brumaire et les Cent-Jours.

Septième boutade : BOTTE ET RIPOSTE.

OUVRAGES DU MÊME AUTEUR

LA ROSA DI CASTRO, novella maremmana, raccontata da un proscritto. Bruxelles. Wouters. 1840.

NOUVEAU SYSTÈME DE CHEVAUX DE FRISE PORTA-TIFS, disposition contre la cavalerie. Bruxelles. Wouters. 1846.

ANALYSE GÉOMÉTRIQUE DE L'ORDONNANCE DU 4 MARS 1831, sur l'exercice et les manœuvres de l'infanterie. Bruxelles. Wouters. 1847.

SOUVENIRS DE COLOMBIE. Bruxelles. Wouters. 1847.

SAGGIO DI NOZIONI ELEMENTARI DI TATTICA E DI STRATEGIA, ad uso dei giovini militi italiani. Bruxelles. Wouters. 1847.

ESSAI SUR L'ATTAQUE ET LA DÉFENSE DES VILLES, abstraction faite de leurs fortifications. Paris. Charbonnier. 1848.

UN MOIS EN AFRIQUE. Paris. Pagnerre. 1850.

SAMPIERO, légende corse, en italien et en français. Avec une lettre de Lamartine. Paris. Dupont. 1861.

LE CAPITAINE MONEGLIA A SOLFERINO, légende corse. Paris. Dupont. 1861.

NABUCHODONOSOR, tragédie en cinq actes, de Niccolini, imitée en vers français. Paris. Dupont. 1861.

JERMONOWSKI ET R... antithèse : poëme en deux chants. Imprimerie des Épioux. 1862.

MIECHOW, ou les Enfans au bout des baïonnettes. Paris. Dupont. 1863.

LA BATAILLE DE CALENZANA. Paris. Plon. 1864.

LA BATTAGLIA DI CALENZANA. Paris. Dupont. 1865.

UN CHAPITRE DE LA VIE D'UN JEUNE PROSCRIT. Imprimerie des Épioux. 1866.

LOISIRS, recueil de poésies en français et en italien. Imprimerie des Épioux. 1867. 2 vol.

MAX ET CHARLOTTE, ou la Nuit du dix-neuf juin 1867, au château de Miramar. Sceaux. Dépée. 1867.

LE MANIEMENT DE L'ÉPÉE, réduit à sa plus simple expression utile. Imprimerie des Épioux. 1868.

SOUS PRESSE

SOUVENIRS, TRADITIONS, RÉVÉLATIONS. 1er vol.

LA CESSION DE LA LOUISIANE, LE MARIAGE DE LA REINE D'ÉTRURIE, L'ENTREVUE DE MANTOUE; entretiens de Lucien Bonaparte avec Napoléon, suivis d'une Ode inédite de Lucien, intitulée : LE DIX-HUIT BRUMAIRE.

HYPOTHÈSE D'UNE CAMPAGNE OUTRE-RHIN, étude militaire.

Le 10 octobre dernier, le Prince Pierre-Napoléon Bonaparte a adressé à **M. Ulbach** la lettre que voici :

AU SIEUR LOUIS ULBACH,

rédacteur de l'*Indépendance belge*,

62, rue Fossé-aux-Loups, Bruxelles.

Paris, 10 octobre 1869.

Le sieur Ulbach est une fière canaille! Les impudens mensonges qu'il débite, sur le Dix-

4

huit Brumaire et sur mon père, méritent une volée de bois vert. Il ne l'attendrait pas long-temps, s'il était à ma portée. Cependant, s'il n'est pas aussi lâche qu'insolent, je l'attendrai, avec des épées et mes témoins, le jour et à l'heure qu'il désignera.

PIERRE-NAPOLÉON BONAPARTE,

59, rue d'Auteuil.

Le 16, messieurs Ducoux et Pertuiset ont présenté au Prince le projet de déclaration qui suit, rédigé par M. Jules Simon, et entièrement écrit de sa main :

MM. Ducoux et Pertuiset s'étant présentés au nom de M. Pierre Bonaparte, pour demander des explications, au sujet d'un article sur le 18 Brumaire, publié dans l'*Indépendance belge*, par M. Louis Ulbach, Messieurs (*sic*) Jules Simon et Taxile Delord ont déclaré que M. Louis Ulbach a reproduit exactement les détails donnés sur le 18 Brumaire, dans le tome 38, pages 159-268, de l'*Histoire parlementaire de la Révolution française*, par Buchez et Roux, ouvrage publié en 1838 ; que le droit de raconter les faits historiques et de juger les hommes qui y ont pris part, est absolu et ne peut donner ouverture qu'à des discussions sur le caractère et l'exactitude des faits ; que, cette réserve faite, le récit de M. Louis Ulbach ne porte aucune atteinte au caractère privé de Lucien Bonaparte, et ne saurait, en aucune façon, alarmer la piété filiale.

JULES SIMON,   DUCOUX,

TAXILE DELORD,   E. PERTUISET.

Le jour même, messieurs Ducoux et Pertuiset ont adressé à **M.** Ulbach la lettre suivante :

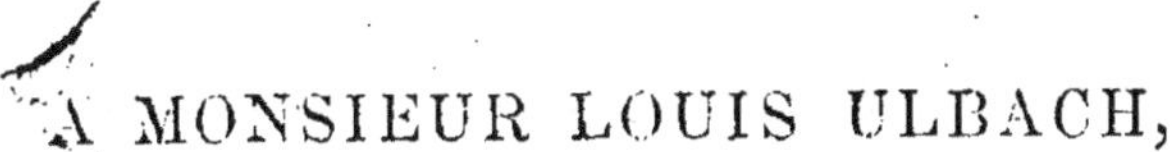

A MONSIEUR LOUIS ULBACH,

11, boulevard de Courcelles Paris.

Paris, 16 octobre 1869.

Monsieur,

Bien que la lettre du prince Pierre-Napoléon Bonaparte vous ait été adressée nominalement, le 10 du courant, vous et vos témoins, messieurs Jules Simon et Taxile Delord, vous nous avez déclaré que vous ne l'avez pas reçue et que vous ne voulez pas en entendre la lecture.

Nous croyons donc de notre devoir de témoins de vous envoyer ci-joint un duplicata de cette lettre, et de vous dire que le Prince nous prie de

vous demander de nous faire savoir catégorique-
ment si vous vous battrez ou non.

Ducoux, 23, rue du Montparnasse.

E. Pertuiset, 45, rue de la Victoire.

*Suit le duplicata de la lettre du Prince à
M. Ulbach.*

Le 19, le Prince a écrit à M. Jules Simon.
Voici sa lettre :

A MONSIEUR JULES SIMON,

Député au Corps Législatif,

10, place de la Madeleine, Paris.

Paris, 19 octobre 1869.

Monsieur,

J'ai lu avec attention le projet de déclaration

4.

signé de vous et de Messieurs Delord, Ducoux et Pertuiset.

D'abord, je suis le Prince Pierre-Napoléon Bonaparte, et non M. Pierre Bonaparte. Cette appellation, si elle n'est pas une impertinence, est, tout au moins, une inconvenance.

Je n'ai point demandé des explications, mais une réparation par les armes.

Je nie que le sieur Ulbach ait exactement reproduit Buchez. La plupart des commentaires injurieux sont de lui. En tout cas, je remarque qu'il sied bien au président du 15 mai de blâmer celui du 18 Brumaire !

Le droit de raconter des faits historiques est absolu, dites-vous. D'accord ; mais à condition qu'on ne leur substitue pas d'impudens mensonges.

Il est loisible de juger les hommes qui ont pris part à ces faits, même quand leur œuvre a été sanctionnée par plus de trois millions de Français, comme c'est le cas pour la Constitution *républicaine* de l'an VIII; — mais, si on outrage ces hommes, cela peut donner ouverture, pour me servir de votre expression, à une réparation exigée par leurs parens ou amis.

Le récit haineux et mensonger du sieur Ulbach porte atteinte au caractère public et privé de Lucien, et indigne, à bon droit, ma piété filiale.

Je ne m'explique pas que MM. Ducoux et Pertuiset aient pu apposer leur signature à votre écrit; — et s'il n'était qu'un projet, vigoureusement repoussé par moi, à première vue, comme ils l'attesteront, je devrais leur opposer le désaveu et la dénégation les plus formels.

Je remarque encore la forme inusitée de votre écrit. Qu'est-ce que ce bout de papier, chargé de ratures, et portant la vignette du pamphlet du sieur Ulbach.

Quant à celui-ci, il reste sous le coup de la lettre de mes témoins, reproduisant le défi que je lui ai adressé, dès le 10 du courant, et insistant, comme j'insiste, pour son acceptation.

PIERRE-NAPOLEON BONAPARTE,

59, rue d'Auteuil.

Enfin, voici une attestation de messieurs les capitaines Mattei et Pulicani :

Paris, 20 octobre 1869.

Nous soussignés déclarons ce qui suit :

A la demande de Son Altesse le Prince Pierre-Napoléon Bonaparte, nous nous sommes rendus, ce matin, à Nanterre, rue Royale, n° 6, chez M. Louis Ulbach, que nous avons trouvé chez lui.

Nous l'avons mis dans l'alternative de rétracter le feuilleton, outrageant pour la mémoire de Lucien Bonaparte, qu'il a publié dans l'*Indépendance Belge* du 9 de ce mois; — ou d'accepter le cartel que le Prince Pierre-Napoléon lui a adressé, le 10 par la poste, le 16 par l'intermédiaire de MM. Ducoux et Pertuiset, et aujourd'hui par nous.

M. Ulbach nous a répondu qu'il ne se battrait pas, et qu'il ne se rétracterait pas.

Sur ce, nous lui avons déclaré que le Prince et nous, nous le tenons pour un lâche qui ne mérite que le mépris.

MATTEI, capitaine, 92, rue du Chemin-Vert.

PULICANI, capitaine, 29, Grande-Rue, à Boulogne (Seine).

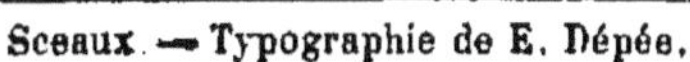

Sceaux. — Typographie de E. Dépée.